This book belongs to:

_____

_____

Table of Contents

Recipe:	Page:

Table of Contents

Recipe: _____

From: _____

_____ _____ _____ _____
Servings   Prep Time   Cooking Time   Temperature

INGREDiENTS:
_____
_____
_____
_____
_____
_____
_____
_____
_____
_____
_____
_____
_____
_____
_____
_____
_____
_____
_____
_____
_____
_____
_____

Notes:
_____
_____
_____

4

Directions:

_____
_____
_____
_____
_____
_____
_____
_____
_____
_____
_____
_____
_____
_____

Family Memory:

_____
_____
_____

Recipe: _____

From: _____

_____ _____ _____ _____
Servings   Prep Time   Cooking Time   Temperature

INGREDIENTS:
_____
_____
_____
_____
_____
_____
_____
_____
_____
_____
_____
_____
_____
_____
_____
_____
_____
_____
_____
_____
_____
_____

Notes:
_____
_____
_____

Directions:

_____
_____
_____
_____
_____
_____
_____
_____
_____
_____
_____
_____
_____

Family Memory:

_____
_____
_____

Recipe: _____

From: _____

_____   _____   _____   _____
Servings   Prep Time   Cooking Time   Temperature

INGREDIENTS:

_____
_____
_____
_____
_____
_____
_____
_____
_____
_____
_____
_____
_____
_____
_____
_____
_____
_____
_____
_____
_____
_____
_____

Notes:
_____
_____
_____

Directions:

_____
_____
_____
_____
_____
_____
_____
_____
_____
_____
_____
_____

Family Memory:

_____
_____
_____

Recipe: _____

From: _____

_____ _____ _____ _____
Servings   Prep Time   Cooking Time   Temperature

INGREDIENTS:
_____
_____
_____
_____
_____
_____
_____
_____
_____
_____
_____
_____
_____
_____
_____
_____
_____
_____
_____
_____
_____
_____

Notes:
_____
_____
_____
_____

Directions:

_____
_____
_____
_____
_____
_____
_____
_____
_____
_____
_____
_____

Family Memory:

_____
_____
_____

Recipe: _____

From: _____

| Servings | Prep Time | Cooking Time | Temperature |

INGREDIENTS:
_____
_____
_____
_____
_____
_____
_____
_____
_____
_____
_____
_____
_____
_____
_____
_____
_____
_____
_____
_____
_____
_____
_____

Notes:
_____
_____
_____

Directions:

_____
_____
_____
_____
_____
_____
_____
_____
_____
_____
_____
_____
_____
_____

Family Memory:

_____
_____
_____

Recipe: _____

From: _____

_____   _____   _____   _____

Servings   Prep Time   Cooking Time   Temperature

INGREDIENTS:

_____
_____
_____
_____
_____
_____
_____
_____
_____
_____
_____
_____
_____
_____
_____
_____
_____
_____
_____
_____
_____
_____
_____

Notes:

_____
_____
_____
_____

Directions:
_____
_____
_____
_____
_____
_____
_____
_____
_____
_____
_____
_____
_____
_____

Family Memory:
_____
_____
_____
_____

Recipe: _____

From: _____

_____ _____ _____ _____
Servings   Prep Time   Cooking Time   Temperature

INGREDIENTS:
_____
_____
_____
_____
_____
_____
_____
_____
_____
_____
_____
_____
_____
_____
_____
_____
_____
_____
_____
_____
_____
_____

Notes:
_____
_____
_____
_____

Directions:

_____
_____
_____
_____
_____
_____
_____
_____
_____
_____
_____
_____
_____

Family Memory:

_____
_____
_____
_____

Recipe: _____

From: _____

_____ | _____ | _____ | _____
Servings | Prep Time | Cooking Time | Temperature

INGREDIENTS:

_____
_____
_____
_____
_____
_____
_____
_____
_____
_____
_____
_____
_____
_____
_____
_____
_____
_____
_____
_____
_____

Notes:

_____
_____
_____
_____

Directions:

_____
_____
_____
_____
_____
_____
_____
_____
_____
_____
_____
_____
_____

Family Memory:

_____
_____
_____

Recipe: _____

From: _____

_____ _____ _____ _____
Servings   Prep Time   Cooking Time   Temperature

INGREDIENTS:
_____
_____
_____
_____
_____
_____
_____
_____
_____
_____
_____
_____
_____
_____
_____
_____
_____
_____
_____
_____
_____
_____

Notes:
_____
_____
_____
_____

Directions:

_____
_____
_____
_____
_____
_____
_____
_____
_____
_____
_____
_____
_____

Family Memory:

_____
_____
_____

Recipe: _____

From: _____

_____   _____   _____   _____
Servings   Prep Time   Cooking Time   Temperature

INGREDIENTS:
_____
_____
_____
_____
_____
_____
_____
_____
_____
_____
_____
_____
_____
_____
_____
_____
_____
_____
_____
_____
_____
_____
_____
_____

Notes:
_____
_____
_____

Directions:

_____
_____
_____
_____
_____
_____
_____
_____
_____
_____
_____
_____
_____

Family Memory:

_____
_____
_____

Recipe: _____

From: _____

_____   _____   _____   _____
Servings   Prep Time   Cooking Time   Temperature

INGREDIENTS:
_____
_____
_____
_____
_____
_____
_____
_____
_____
_____
_____
_____
_____
_____
_____
_____
_____
_____
_____
_____
_____
_____
_____

Notes:
_____
_____
_____
_____

Directions:

_____
_____
_____
_____
_____
_____
_____
_____
_____
_____
_____
_____
_____

Family Memory:

_____
_____
_____

Recipe: _____

From: _____

_____ _____ _____ _____
Servings   Prep Time   Cooking Time Temperature

INGREDIENTS:
_____
_____
_____
_____
_____
_____
_____
_____
_____
_____
_____
_____
_____
_____
_____
_____
_____
_____
_____
_____
_____
_____
_____

Notes:
_____
_____
_____
_____

Directions:

_____
_____
_____
_____
_____
_____
_____
_____
_____
_____
_____
_____
_____

Family Memory:

_____
_____
_____

Recipe: _____

From: _____

_____   _____   _____   _____
Servings   Prep Time   Cooking Time   Temperature

INGREdients:
_____
_____
_____
_____
_____
_____
_____
_____
_____
_____
_____
_____
_____
_____
_____
_____
_____
_____
_____
_____
_____
_____
_____
_____

Notes:
_____
_____
_____
_____

Directions:

_____
_____
_____
_____
_____
_____
_____
_____
_____
_____
_____
_____
_____
_____
_____

Family Memory:

_____
_____
_____
_____

Recipe: _____

From: _____

_____ _____ _____ _____
Servings   Prep Time   Cooking Time   Temperature

INGredients:
_____
_____
_____
_____
_____
_____
_____
_____
_____
_____
_____
_____
_____
_____
_____
_____
_____
_____
_____
_____
_____

Notes:
_____
_____
_____
_____

Directions:

_____
_____
_____
_____
_____
_____
_____
_____
_____
_____
_____
_____
_____

Family Memory:

_____
_____
_____

Recipe: _____

From: _____

_____   _____   _____   _____
Servings   Prep Time   Cooking Time   Temperature

INGREDIENTS:
_____
_____
_____
_____
_____
_____
_____
_____
_____
_____
_____
_____
_____
_____
_____
_____
_____
_____
_____
_____
_____
_____
_____
_____

Notes:
_____
_____
_____
_____

Directions:

_____

_____

_____

_____

_____

_____

_____

_____

_____

_____

_____

_____

_____

Family Memory:

_____

_____

_____

_____

Recipe: _____

From: _____

_____ _____ _____ _____
Servings   Prep Time   Cooking Time   Temperature

INGREDIENTS:
_____
_____
_____
_____
_____
_____
_____
_____
_____
_____
_____
_____
_____
_____
_____
_____
_____
_____
_____
_____
_____
_____
_____
_____
_____

Notes:
_____
_____
_____
_____

Directions:

_____
_____
_____
_____
_____
_____
_____
_____
_____
_____
_____
_____
_____
_____

Family Memory:

_____
_____
_____

Recipe: _____

From: _____

_____ _____ _____ _____
Servings   Prep Time   Cooking Time   Temperature

INGREDIENTS:
_____
_____
_____
_____
_____
_____
_____
_____
_____
_____
_____
_____
_____
_____
_____
_____
_____
_____
_____
_____
_____
_____
_____
_____

Notes:
_____
_____
_____
_____

Directions:

_____
_____
_____
_____
_____
_____
_____
_____
_____
_____
_____
_____
_____

Family Memory:

_____
_____
_____
_____

Recipe: _____

From: _____

_____ _____ _____ _____
Servings   Prep Time   Cooking Time   Temperature

INGREDIENTS:
_____
_____
_____
_____
_____
_____
_____
_____
_____
_____
_____
_____
_____
_____
_____
_____
_____
_____
_____
_____
_____
_____
_____

Notes:
_____
_____
_____
_____

Directions:

_____
_____
_____
_____
_____
_____
_____
_____
_____
_____
_____
_____
_____
_____
_____

Family Memory:

_____
_____
_____

Recipe: _____

From: _____

_____   _____   _____   _____
Servings   Prep Time   Cooking Time   Temperature

INGREDIENTS:
_____
_____
_____
_____
_____
_____
_____
_____
_____
_____
_____
_____
_____
_____
_____
_____
_____
_____
_____
_____
_____
_____
_____

Notes:
_____
_____
_____

Directions:

_____
_____
_____
_____
_____
_____
_____
_____
_____
_____
_____
_____
_____
_____

Family Memory:

_____
_____
_____
_____

Recipe: _____

From: _____

_____   _____   _____   _____
Servings   Prep Time   Cooking Time   Temperature

INGREDIENTS:
_____
_____
_____
_____
_____
_____
_____
_____
_____
_____
_____
_____
_____
_____
_____
_____
_____
_____
_____
_____
_____
_____

Notes:
_____
_____
_____
_____

Directions:

_____

_____

_____

_____

_____

_____

_____

_____

_____

_____

_____

_____

_____

Family Memory:

_____

_____

_____

Recipe: _____

From: _____

_____   _____   _____   _____
Servings   Prep Time   Cooking Time   Temperature

INGREDIENTS:

Notes:

Directions:

_____
_____
_____
_____
_____
_____
_____
_____
_____
_____
_____
_____

Family Memory:

_____
_____
_____

Recipe: _____

From: _____

_____   _____   _____   _____
Servings   Prep Time   Cooking Time   Temperature

INGREDIENTS:

_____
_____
_____
_____
_____
_____
_____
_____
_____
_____
_____
_____
_____
_____
_____
_____
_____
_____
_____
_____
_____
_____
_____

Notes:

_____
_____
_____

Directions:

Family Memory:

Recipe: _____

From: _____

_____ | _____ | _____ | _____
Servings | Prep Time | Cooking Time | Temperature

INGREDIENTS:

_____
_____
_____
_____
_____
_____
_____
_____
_____
_____
_____
_____
_____
_____
_____
_____
_____
_____
_____
_____
_____
_____
_____
_____
_____
_____

Notes:

_____
_____
_____
_____

Directions:

_____
_____
_____
_____
_____
_____
_____
_____
_____
_____
_____
_____
_____

Family Memory:

_____
_____
_____

Recipe: _____

From: _____

_____ _____ _____ _____
Servings   Prep Time   Cooking Time   Temperature

INGREDIENTS:
_____
_____
_____
_____
_____
_____
_____
_____
_____
_____
_____
_____
_____
_____
_____
_____
_____
_____
_____
_____
_____
_____
_____
_____

Notes:
_____
_____
_____

Directions:

_____
_____
_____
_____
_____
_____
_____
_____
_____
_____
_____

Family Memory:

_____
_____
_____

Recipe: _____

From: _____

_____ _____ _____ _____
Servings   Prep Time   Cooking Time   Temperature

INGREDIENTS:

_____
_____
_____
_____
_____
_____
_____
_____
_____
_____
_____
_____
_____
_____
_____
_____
_____
_____
_____
_____
_____
_____

Notes:
_____
_____
_____
_____

Directions:

_____
_____
_____
_____
_____
_____
_____
_____
_____
_____
_____
_____
_____
_____
_____

Family Memory:

_____
_____
_____
_____

Recipe: _____

From: _____

_____ _____ _____ _____
Servings   Prep Time Cooking Time Temperature

INGREDIENTS:
_____
_____
_____
_____
_____
_____
_____
_____
_____
_____
_____
_____
_____
_____
_____
_____
_____
_____
_____
_____
_____
_____
_____
_____

Notes:
_____
_____
_____
_____

Directions:

_____
_____
_____
_____
_____
_____
_____
_____
_____
_____
_____
_____
_____
_____

Family Memory:

_____
_____
_____

Recipe: _____

From: _____

_____ _____ _____ _____
Servings   Prep Time   Cooking Time   Temperature

INGREDIENTS:
_____
_____
_____
_____
_____
_____
_____
_____
_____
_____
_____
_____
_____
_____
_____
_____
_____
_____
_____
_____
_____
_____
_____

Notes:
_____
_____
_____
_____

Directions:

_____
_____
_____
_____
_____
_____
_____
_____
_____
_____
_____
_____
_____

Family Memory:

_____
_____
_____

Recipe: _____

From: _____

_____   _____   _____   _____
Servings   Prep Time   Cooking Time   Temperature

INGREDIENTS:
_____
_____
_____
_____
_____
_____
_____
_____
_____
_____
_____
_____
_____
_____
_____
_____
_____
_____
_____
_____
_____
_____

Notes:
_____
_____
_____
_____

Directions:

_____
_____
_____
_____
_____
_____
_____
_____
_____
_____
_____
_____
_____
_____

Family Memory:

_____
_____
_____
_____

Recipe: _____

From: _____

| _____ | _____ | _____ | _____ |
| Servings | Prep Time | Cooking Time | Temperature |

INGREDIENTS:
_____
_____
_____
_____
_____
_____
_____
_____
_____
_____
_____
_____
_____
_____
_____
_____
_____
_____
_____
_____
_____
_____
_____
_____

Notes:
_____
_____
_____
_____
_____

Directions:

_____
_____
_____
_____
_____
_____
_____
_____
_____
_____
_____
_____
_____
_____

Family Memory:

_____
_____
_____

Recipe: _____

From: _____

_____   _____   _____   _____
Servings   Prep Time   Cooking Time   Temperature

INGREDIENTS:
_____
_____
_____
_____
_____
_____
_____
_____
_____
_____
_____
_____
_____
_____
_____
_____
_____
_____
_____
_____
_____
_____
_____
_____
_____
_____

Notes:
_____
_____
_____
_____

Directions:

_____
_____
_____
_____
_____
_____
_____
_____
_____
_____
_____
_____
_____

Family Memory:

_____
_____
_____
_____

Recipe: _____

From: _____

_____   _____   _____   _____
Servings   Prep Time   Cooking Time   Temperature

INGREDIENTS:
_____
_____
_____
_____
_____
_____
_____
_____
_____
_____
_____
_____
_____
_____
_____
_____
_____
_____
_____
_____
_____
_____
_____

Notes:
_____
_____
_____
_____

Directions:

_____
_____
_____
_____
_____
_____
_____
_____
_____
_____
_____
_____
_____
_____

Family Memory:

_____
_____
_____

Recipe: _____

From: _____

_____ _____ _____ _____
Servings   Prep Time   Cooking Time   Temperature

INGREDIENTS:

_____
_____
_____
_____
_____
_____
_____
_____
_____
_____
_____
_____
_____
_____
_____
_____
_____
_____
_____
_____
_____
_____
_____
_____

Notes:

_____
_____
_____
_____

Directions:

_____
_____
_____
_____
_____
_____
_____
_____
_____
_____
_____
_____
_____

Family Memory:

_____
_____
_____
_____

Recipe: _____

From: _____

_____ | _____ | _____ | _____
Servings | Prep Time | Cooking Time | Temperature

INGREDIENTS:

_____
_____
_____
_____
_____
_____
_____
_____
_____
_____
_____
_____
_____
_____
_____
_____
_____
_____
_____
_____
_____
_____
_____
_____

Notes:

_____
_____
_____
_____

Directions:

_____
_____
_____
_____
_____
_____
_____
_____
_____
_____
_____
_____
_____
_____

Family Memory:

_____
_____
_____

Recipe: _____

From: _____

_____ _____ _____ _____
Servings   Prep Time   Cooking Time   Temperature

INGREDIENTS:
_____
_____
_____
_____
_____
_____
_____
_____
_____
_____
_____
_____
_____
_____
_____
_____
_____
_____
_____
_____
_____
_____
_____
_____
_____
_____

Notes:
_____
_____
_____
_____

Directions:

Family Memory:

Recipe: _____

From: _____

_____

| Servings | Prep Time | Cooking Time | Temperature |

INGREDIENTS:

_____
_____
_____
_____
_____
_____
_____
_____
_____
_____
_____
_____
_____
_____
_____
_____
_____
_____
_____
_____
_____
_____

Notes:
_____
_____
_____

Directions:

_____
_____
_____
_____
_____
_____
_____
_____
_____
_____
_____
_____

Family Memory:

_____
_____
_____

Recipe: _____

From: _____

_____   _____   _____   _____
Servings   Prep Time   Cooking Time   Temperature

Ingredients:
_____
_____
_____
_____
_____
_____
_____
_____
_____
_____
_____
_____
_____
_____
_____
_____
_____
_____
_____
_____
_____
_____
_____

Notes:
_____
_____
_____
_____

Directions:

_____
_____
_____
_____
_____
_____
_____
_____
_____
_____
_____
_____
_____
_____

Family Memory:

_____
_____
_____
_____

Recipe: _____

From: _____

_____ _____ _____ _____
Servings   Prep Time   Cooking Time   Temperature

INGREDIENTS:
_____
_____
_____
_____
_____
_____
_____
_____
_____
_____
_____
_____
_____
_____
_____
_____
_____
_____
_____
_____
_____
_____

Notes:
_____
_____
_____
_____

Directions:

_____
_____
_____
_____
_____
_____
_____
_____
_____
_____
_____
_____
_____
_____

Family Memory:

_____
_____
_____

Recipe: _____

From: _____

| _____ | _____ | _____ | _____ |
| Servings | Prep Time | Cooking Time | Temperature |

INGREDIENTS:

_____
_____
_____
_____
_____
_____
_____
_____
_____
_____
_____
_____
_____
_____
_____
_____
_____
_____
_____
_____
_____
_____

Notes:

_____
_____
_____

Directions:

_____
_____
_____
_____
_____
_____
_____
_____
_____
_____
_____
_____
_____
_____

Family Memory:

_____
_____
_____
_____

Recipe: _____

From: _____

_____ _____ _____ _____
Servings   Prep Time   Cooking Time   Temperature

INGREDIENTS:

_____
_____
_____
_____
_____
_____
_____
_____
_____
_____
_____
_____
_____
_____
_____
_____
_____
_____
_____
_____
_____
_____
_____
_____

Notes:

_____
_____
_____

Directions:

_____
_____
_____
_____
_____
_____
_____
_____
_____
_____
_____
_____
_____
_____
_____

Family Memory:

_____
_____
_____
_____

Recipe: _____

From: _____

_____

| Servings | Prep Time | Cooking Time | Temperature |

INGREDIENTS:

_____
_____
_____
_____
_____
_____
_____
_____
_____
_____
_____
_____
_____
_____
_____
_____
_____
_____
_____
_____
_____
_____
_____
_____
_____
_____

Notes:
_____
_____
_____
_____

Directions:

_____
_____
_____
_____
_____
_____
_____
_____
_____
_____
_____
_____
_____
_____

Family Memory:

_____
_____
_____

Recipe: _____

From: _____

_____ _____ _____ _____
Servings   Prep Time   Cooking Time   Temperature

Ingredients:
_____
_____
_____
_____
_____
_____
_____
_____
_____
_____
_____
_____
_____
_____
_____
_____
_____
_____
_____
_____
_____
_____
_____

Notes:
_____
_____
_____
_____

Directions:

_____
_____
_____
_____
_____
_____
_____
_____
_____
_____
_____
_____
_____
_____

Family Memory:

_____
_____
_____

Recipe: _____

From: _____

_____ _____ _____ _____
Servings   Prep Time   Cooking Time   Temperature

INGREDIENTS:
_____
_____
_____
_____
_____
_____
_____
_____
_____
_____
_____
_____
_____
_____
_____
_____
_____
_____
_____
_____
_____
_____
_____
_____
_____
_____

Notes:
_____
_____
_____

Directions:

_____
_____
_____
_____
_____
_____
_____
_____
_____
_____
_____
_____
_____
_____

Family Memory:

_____
_____
_____

Recipe: _____

From: _____

Servings	Prep Time	Cooking Time	Temperature

Ingredients:
_____
_____
_____
_____
_____
_____
_____
_____
_____
_____
_____
_____
_____
_____
_____
_____
_____
_____
_____
_____
_____
_____
_____
_____
_____
_____

Notes:
_____
_____
_____
_____

Directions:

_____
_____
_____
_____
_____
_____
_____
_____
_____
_____
_____
_____
_____
_____

Family Memory:

_____
_____
_____
_____

Recipe: _____

From: _____

_____ _____ _____ _____
Servings   Prep Time   Cooking Time   Temperature

INGREDIENTS:
_____
_____
_____
_____
_____
_____
_____
_____
_____
_____
_____
_____
_____
_____
_____
_____
_____
_____
_____
_____
_____
_____
_____
_____

Notes:
_____
_____
_____
_____

Directions:

_____
_____
_____
_____
_____
_____
_____
_____
_____
_____
_____
_____
_____
_____
_____

Family Memory:

_____
_____
_____

Recipe: _____

From: _____

_____ _____ _____ _____
Servings   Prep Time   Cooking Time   Temperature

INGREDIENTS:
_____
_____
_____
_____
_____
_____
_____
_____
_____
_____
_____
_____
_____
_____
_____
_____
_____
_____
_____
_____
_____
_____
_____

Notes:
_____
_____
_____

Directions:

Family Memory:

Recipe: _____

From: _____

_____ | _____ | _____ | _____
Servings | Prep Time | Cooking Time | Temperature

INGREDIENTS:

_____
_____
_____
_____
_____
_____
_____
_____
_____
_____
_____
_____
_____
_____
_____
_____
_____
_____
_____
_____
_____
_____
_____
_____

Notes:

_____
_____
_____
_____

Directions:

_____
_____
_____
_____
_____
_____
_____
_____
_____
_____
_____
_____
_____
_____
_____
_____

Family Memory:

_____
_____
_____

Recipe: _____

From: _____

_____   _____   _____   _____
Servings   Prep Time   Cooking Time Temperature

Ingredients:
_____
_____
_____
_____
_____
_____
_____
_____
_____
_____
_____
_____
_____
_____
_____
_____
_____
_____
_____
_____
_____
_____

Notes:
_____
_____
_____

Directions:

_____
_____
_____
_____
_____
_____
_____
_____
_____
_____
_____
_____
_____

Family Memory:

_____
_____
_____

Recipe: _____

From: _____

_____   _____   _____   _____
Servings   Prep Time   Cooking Time   Temperature

INGREDIENTS:

_____
_____
_____
_____
_____
_____
_____
_____
_____
_____
_____
_____
_____
_____
_____
_____
_____
_____
_____
_____
_____
_____
_____
_____

Notes:
_____
_____
_____
_____

Directions:

_____
_____
_____
_____
_____
_____
_____
_____
_____
_____
_____
_____
_____
_____

Family Memory:

_____
_____
_____
_____

Recipe: _____

From: _____

_____ _____ _____ _____
Servings   Prep Time   Cooking Time   Temperature

Ingredients:
_____
_____
_____
_____
_____
_____
_____
_____
_____
_____
_____
_____
_____
_____
_____
_____
_____
_____
_____
_____
_____
_____
_____
_____

Notes:
_____
_____
_____
_____

Directions:

_____
_____
_____
_____
_____
_____
_____
_____
_____
_____
_____
_____
_____
_____
_____

Family Memory:

_____
_____
_____

Recipe: _____

From: _____

_____ _____ _____ _____
Servings   Prep Time   Cooking Time   Temperature

INGREDIENTS:
_____
_____
_____
_____
_____
_____
_____
_____
_____
_____
_____
_____
_____
_____
_____
_____
_____
_____
_____
_____
_____
_____
_____

Notes:
_____
_____
_____
_____

Directions:

_____

_____

_____

_____

_____

_____

_____

_____

_____

_____

_____

_____

_____

_____

Family Memory:

_____

_____

_____

_____

Recipe: _____

From: _____

_____ | _____ | _____ | _____
Servings | Prep Time | Cooking Time | Temperature

INGREDIENTS:

Notes:

Directions:

_____
_____
_____
_____
_____
_____
_____
_____
_____
_____
_____
_____
_____
_____

Family Memory:

_____
_____
_____

Recipe: _____

FROM: _____

_____ _____ _____ _____
Servings   Prep Time   Cooking Time   Temperature

INGREDIENTS:
_____
_____
_____
_____
_____
_____
_____
_____
_____
_____
_____
_____
_____
_____
_____
_____
_____
_____
_____
_____
_____
_____
_____

Notes:
_____
_____
_____
_____

Directions:

_____
_____
_____
_____
_____
_____
_____
_____
_____
_____
_____
_____
_____
_____

Family Memory:

_____
_____
_____
_____

Recipe: _____

From: _____

_____ _____ _____ _____
Servings   Prep Time   Cooking Time   Temperature

INGREDIENTS:
_____
_____
_____
_____
_____
_____
_____
_____
_____
_____
_____
_____
_____
_____
_____
_____
_____
_____
_____
_____
_____
_____
_____
_____
_____

Notes:
_____
_____
_____
_____

Directions:

_____
_____
_____
_____
_____
_____
_____
_____
_____
_____
_____
_____
_____
_____

Family Memory:

_____
_____
_____

Recipe: _____

From: _____

_____   _____   _____   _____
Servings   Prep Time   Cooking Time   Temperature

INGREDIENTS:
_____
_____
_____
_____
_____
_____
_____
_____
_____
_____
_____
_____
_____
_____
_____
_____
_____
_____
_____
_____
_____
_____
_____
_____

Notes:
_____
_____
_____
_____

Directions:

_____
_____
_____
_____
_____
_____
_____
_____
_____
_____
_____
_____
_____
_____
_____

Family Memory:

_____
_____
_____
_____

Recipe: _____

From: _____

_____ _____ _____ _____
Servings   Prep Time   Cooking Time   Temperature

Ingredients:

_____

_____

_____

_____

_____

_____

_____

_____

_____

_____

_____

_____

_____

_____

_____

_____

_____

_____

_____

_____

_____

_____

_____

Notes:

_____

_____

_____

Directions:
_____
_____
_____
_____
_____
_____
_____
_____
_____
_____
_____
_____
_____

Family Memory:
_____
_____
_____
_____

Recipe: _____

From: _____

_____   _____   _____   _____
Servings   Prep Time   Cooking Time   Temperature

INGREDIENTS:

_____
_____
_____
_____
_____
_____
_____
_____
_____
_____
_____
_____
_____
_____
_____
_____
_____
_____
_____
_____

Notes:

_____
_____
_____
_____

Directions:

_____
_____
_____
_____
_____
_____
_____
_____
_____
_____
_____
_____
_____

Family Memory:

_____
_____
_____

Recipe: _____

From: _____

_____ _____ _____ _____
Servings   Prep Time   Cooking Time   Temperature

INGREDIENTS:
_____
_____
_____
_____
_____
_____
_____
_____
_____
_____
_____
_____
_____
_____
_____
_____
_____
_____
_____
_____
_____
_____
_____
_____

Notes:
_____
_____
_____
_____

Directions:

_____
_____
_____
_____
_____
_____
_____
_____
_____
_____
_____
_____
_____
_____

Family Memory:

_____
_____
_____

Recipe: _____

From: _____

_____   _____   _____   _____
  Servings   Prep Time   Cooking Time   Temperature

INGREDIENTS:
_____
_____
_____
_____
_____
_____
_____
_____
_____
_____
_____
_____
_____
_____
_____
_____
_____
_____
_____
_____
_____
_____
_____

Notes:
_____
_____
_____

Directions:

_____
_____
_____
_____
_____
_____
_____
_____
_____
_____
_____
_____
_____
_____

Family Memory:

_____
_____
_____
_____

Recipe: _____

From: _____

_____ _____ _____ _____
Servings   Prep Time   Cooking Time   Temperature

INGREDIENTS:
_____
_____
_____
_____
_____
_____
_____
_____
_____
_____
_____
_____
_____
_____
_____
_____
_____
_____
_____
_____
_____
_____
_____
_____

Notes:
_____
_____
_____
_____
_____

Directions:

_____
_____
_____
_____
_____
_____
_____
_____
_____
_____
_____
_____
_____

Family Memory:

_____
_____
_____
_____

Recipe: _____
From: _____

_____   _____   _____   _____
Servings   Prep Time   Cooking Time   Temperature

Ingredients:

_____
_____
_____
_____
_____
_____
_____
_____
_____
_____
_____
_____
_____
_____
_____
_____
_____
_____
_____
_____
_____
_____

Notes:

_____
_____
_____
_____

Directions:

_____
_____
_____
_____
_____
_____
_____
_____
_____
_____
_____
_____
_____

Family Memory:

_____
_____
_____

Printed in Great Britain
by Amazon

79160597R00072